Byenvini nan Wayòm nan

Pa: Daniel King

ISBN: 1-931810-27-3

Daniel King
King Ministries International
PO Box 701113
Tulsa, OK 74170 USA

King Ministries Canada
PO Box 3401
Morinville, Alberta T8R 1S3 Canada

1-877-431-4276
daniel@kingministries.com
www.kingministries.com

Lis Chapit Yo

Koumansman

Byenvini nan wayom Bondye-a.

Genyen de (2) wayòm sou tè sa a. Wayòm Bondye a chaje ak limyè, kontantman, la sante, abondans, ak renmen. Domèn satan 'an se fèn-wa, peche, wont, maladi, mankman ak rayisman kap fè la lwa. Chak moun kap viv lib pou'l chwazi ant de (2) wayòm sa yo sa pou'l sèvi.

Konpliman anpil! Si ou deja pran jezikri pou seyè lavi 'w, mete nan tèt ou ke'w se pitit yon wa. SeBondye ki papa'w,Jezikri se frè w, ou vin'n men'm moman 'an yon sitwayen nan wayòm Bondye a. "paske [papa'a] libere nou anba tout fòs fè nwa epi rantre nou ande-dan wayòm pitit li ke'l renmen; nan li nou jwen 'n redanmsyon ak padon peche nou yo" **(Kolosyen 1:13-14)**

Gen anpil gro verite nouvo man'm wayòm lan dwe apran n. Nan liv sa'a, wap jwenn bon jan metòd pou pemet ou dekouvri ki sa sa vle di lè ou se yon man'm nan fanmi Bondye'a Liv sa'a ap montre'w ki jan ou ka viv san'w pa jan'm manke anyen.

Bondye Renmen'w

"Bondye se lanmou" **(1 Jan 4:8).** Kokenn chen'n istwa sou lanmou Bondye pou ou koumanse depi dikdantan. La bib di konsa: "O koumansman, bondye te kreye syèl yo ak la te" **(Jenez 1:1).** Bondye te bezwen yon zanmi li te beswen yon patne pou'l mache ak pou'l pale avek li. Li te pran desizyon kreye yon zanmi pou pataje eksperyans li yo epi sitou pou renmen 'l ak adore'l.

Bondye te koumanse prepare yon bèl kay pou pou zanmi li. Li te kreye latè, solèy, la lin ak zetwal yo. Li te kreye zwazo nan syèl la, pwason nan lanmè ak tout bèt ak plant ki egziste yo. Li te kreye anpenpan tout gwo mòn yo ak bon jan plan kote tout vale chita nan plas yo. Li mete bon jan pyè dyaman ak lò andedan tè a tankou yon richès kap tann moun vin chèchel. Lè chak moso nan kreyasyon Bondye a te byen fini, li kreye aprè chedèv la ki se limanite se imaj nasyon Bondye ki kreye tout sa l te fè, men nou menm li kreye nou daprè imaj pa l **(Jenèz 1:27).**

Premye moun ki te fet la te rele Adan epi madanm li te rele Ev. Bondye te bay yo le monn antye kom kado. Li te ba yo dwa poukomande pwason nan lanme, zwazo nan syelepi tout lot kreyati ki fe mouvman ate. Adan te wa tout sa zyel te ka we.

Tout sa Bondye te kreye yo te genyon rezon. Zwazo te fet pou vole, pwason te fet pou naje, plant yo te fet pou pwodwi manje epi'l te fe le a pou moun respire. Ou men m kap li koulye, Bondye te kreye wpou'l ka zanmi.

Chak jou Adan ak ev tap mache epi tap pale ak Bondye. Bondye te montre Adan ki jan poul konpote kom wa. Li te eksplike Adan devwal ak privilej li genyen pou l komande. Kom yon wa, adan dwe madanm li lanmou ak pwoteksyon. Se pou l egzese otorite lsou tout sa Bondye kreye. Li dwe toujou mennen yon vi nan lape ak lamoni, li dwe sevi ak resous Bondye ba li yon pou l fe pi byen sa l dwe fe. Esa ki pi enpotan an. Adan dwe toujou obei kreyate li, Bondye tou pisan an.

Malerezman, vin genyon lot moun ki bezwen wa. Literelesatan se te yon zanj nan syel ki te vin antre an rebelyon kont bondye (**Ezayi 14:11-15**) e an retou bondye kom pinisyon voye pempe desanl sot nan syel ak tout lot akolit li yo (**Luk 10: 18**). Koulye ya sak pase, satan vin pote gwo jalouzi sou Adan. Li semante fok li vole pouvwa wayal sa a nan men Adan.

Bondye te pase Adan ak Ev yon gren n lod. Bondye jwen n mwayen li plante yon pye bwa nan mitan jaden an apre, "Bondye rele Adan li bal lod poul yaya kol jan l vle, freedom total poul manje fwi tout pye bwa ki nan jaden an sof yon sel. se l sa a reprezante pye bwa kipemet yon moun rekonet sa ki byen ak sa ki mal. Daye Bondye tou di yo (Adan ak Ev) yap mouri jou yo manje ladan'l" (**Jenez 2:16- 17**) bel tipye bwa inosan sa a, se Bondye men m kite sevi avel pou l' we longe dezobeyisans. Natirelman depi w manje fwi pye bwa a, ou tou separe tet ou ak Bondye epi admet ou se yon mo espirityelan vakans.

Yon jou satan degize l an sepan, li antre nan jaden. L'al kot Ev, li plen n ak manti. Li fose lmanje fwi ki te nan pye bwa. Apre sa, Ev pote moso bay Adan ki manje ladan l tou (**Jenez 3:6**) men m moman an, Adan pedi pouvwa waya li a poutet li pat koute Bondye. Jou swa sa a, Bondye t ap mache nan jaden an. Adan ak Ev te oblije kache telman yo te wont s ak pase a. Sa te fe Bondye mal anpil pou l we lap rele zanmi l yo ki pat soti vin n flannen ave l.

Anfen Adan ak Ev rakonte Bondye egzakteman sa k te pase a. Dezobeisans yo koz yo peche. Si yo pat koute sepan an, yo pa tap jan m pedi pouvwa waya l yo a. akoz sak pase satan vin n gen otorite sou la te. Peche vin n separe lezom ak Bondye. **(Jenez 3:22-24).**

Ak anpil tristes, Bondye te oblije chase Adan ak Ev nan jaden li te kreye pou yo a. pandan lap chase yo. Li te ba yo yon ti reyon lespwa. Ke yon jou gen yon nouvo wa k pou paret. Lap vin n pou detwi otoritesatan epi sove yo anba peche madichon dezobeyisans yo a. **(Jenez 3:14-15)** sove sa a ki gen pou vini an pra l retabli bon jan relasyon zanmitay ant lezom ak Bondye. Limanite pral rekonsilye ak wa l anko.

Se Peche ki separe nou ak Bondye

Peche tankou yon gwo barye ki kanpe antrave Bondye ak lezom. Patou nan listwa, se pa de (2) eseye moun pa eseye mete yon pon sou golf sa a pa plizye mwayen (relijyon,bon zev, filozofi, moralite, eks) epoutan, yo pa jan m jwen n solisyon. Yo toujou di gen anpil wout yon moun ka chwazi pou rejwen n Bondye. Men an reyalite gen yon sel mwayen limanite ka rejwen n relasyon zanmitay li ak Bondye. Jezi Kri pitit Bondye a. di li se chemen, laverite ak lavi. San mwen men m, pa gen moun ki ka al kot Bondye **(Jan 14:6).**

Pandan desyek, satan fe tout sa l kapab pou l detwi limanite. Li pote povrete, maladi, doule ak lanmo. likoz ni fanm ni gason tonbe nan bay manti, fe met dam ak vole. lage ale la ge vini , moun mouri pa milyon al nan lanfe. gwo dife etenel Bondye a deja prepare pou satan ak zanj demon li yo. **(Matye 25:41)** kote fe nwa blayi, moun ap krye epi ap manje dan **(Matye 8:12).**

Malgre tout sitiyasyon kalamite difisil sa yo, limanite pat dekouraje. Li te toujou kenbe lespwa pwomes Bondye te fe l la . lespwa yon sove ki gen pou vin detwi dega peche koze nan lemon n. Jezi di konsa, vole a (satan) vin pou l vole, pou l touye epou l detwi; mwen menm, mwen vini poum poteblavi esil vouple yon vi an kantite (**Jan 10:10**).

Men m jan ak adan, tout peche. "Paske tout moun peche e yo tout manke glwa Bondye" (**Women 3:23**). Chak gren n moun sou late yon jan oubyen yon lot dezobeyi lod Bondye yo (**Egzod 20:3-17**) nan bay manti, nanfe metdam, nan vole, nan rayisman, nan di betiz, nan komet adilte ak menm nan touye moun. se dezobeyisans sa yo men m ki koz separasyon nou ak Bondye.

Rezilta peche limanite yo koz yon separasyon total kapital ant limen mak Bondye ki bay tout moun lavi, le w separe ak li se tankou w te mouri net. "Se yon sel moun ki koz peche antre nan lemon n. Peche limen m trennen lanmo deye l e konsa lanmo antre kay lezom, paske tout moun peche" (**Women 5:12**). Pri peche pa dwe lot bagay ke lanmo. "Sale peche se se lanmo" (**Women 6:23**).

Jezi te mouri pou peche'w yo

La vi Jezi:

Pa gen pèson apa sovè Bondye te promèt nou an kite ka elimine Satan epi restore wayom li an. Sovè saa pa lot moun ke pwop pitit Bondyea. Kou lè li te planityea rive, Bondye voye pitit lia sou latè. Epi egakteman, nan lè te prevwaa, Bondye voye pitit li a pran nesans nan zantray yon fanm. Yon nesans ki chita anba tout lwa pou rachte sila yo ki tap viv anba la lwa pou nou te ka vin erite tout dwa yon pitit genyen nan papal **(Galat 4:4-5)**. Se yon vyèj Yyo rete mari ki te fè pitit gason saa nan vil Bètleem men 'm jan pwofèt yo te di sa. Mari te rele ti gason li a, Jezikri.

Jezi se te kado Bondye bay lemonn. Paske Bondye t Bondye tèlman renmen, li arive bay srenmen, li arive bay sèl pitit li-a, poutout moun ki kwè nan li olye peri, pou yo gen la vi etè nan li olye peri, pou yo gen la vi etènèl **(Jan 3:16)**. Se pi bon bagay li posedea Bondye ba nou ak lespwa nou menm tou, nap bal pi bon bagay nou posedea.

Jezikris te om epi Bondye alafwa. Li te wa linivè a poutan, akoz gwo lanmou Bondye genyen pou limanite, li vag sou esplandè selès li a. Li desan n sou latè poul aprann nou kouman nou ka retounen ti wa ak ti rèn anko.

Yon lot fwa anko Bondye pat mache, tap pale ak lèzom sou ko Jezi nan koumansman ministè li, Jezi te di: "lespri Bondye sou mwen paske li ban mwen onksyon poum preche bon nouvèl la bay moun ki pov yo." Li voye mwen pou libere sila yo ki nan prizon, poum louvri zye moun ki pete, pou relache sila yo ki oprime anfen poum pwoklame ane favè Bondye yo bay limanite **(Lik 4:18-19).**

Jezi te vini poul detwi zèv satan yon. "Bondye te mete onksyonl nan Jezi nazarèt la ak pouvwa sentepri a . Li pase tout vi li sou latè ap fè bon bagay epi geri tou moun ki te anba pouvwa satan paske Bondye te avèk li" **(Travay apot yo 10:38).** Jezikri te geri moun ki aveg, moun ki soud, moun ki gen lèp ak tou lot vye enfinite **(Matye 8-9).** Li te leve moun mouri epi chase demon sou sila yo ki te posede.

Jezi montre moun kouman pou yo viv nan wayom Bondye a. Li sèvi ak anpil parabol, anpil istwa poul fè moun konnen byen verite etènèl yo...pi gwo bagay li montre nou se kouman pou nou renmen "Letè-nèl Bondye nou an ak tout kè nou, ak tou nanm nou epi tout fos nou **(Mak 12:30).** Li montre nou kouman nou dwe renmen pwochen nou yo menm jan nou renmen tèt nou **(Lik 10:27).**

Prèch Jezi yo te chita sou bon nouvèl wayom nan. Tout mesaj li yo te baze sou repantans "repanti paske wayom Bondye a pwoch" **(Matye 4:17)** li te toujou anseye nou.

"Mwen vini sou latè poum chache epi sove sila yo ki pèdi" **(Lik 19:10).** Jezikri te vini poul rekonsilye Bondye papal ak limanite. Entansyonl se te kraze baryè peche ki te anpeche nou menm lom mache epi pale kom sa dwa ak papa a.

Sèl fason li te ka fè sa se mouri pou nou. Salè peche se lanmò. Jezikri se te pèfeksyon an pèson, li te gen dwa pa mouri pou nou. Malgre tout inosans li, Jezi te dakò bay lavi li poul te ka peye pri peche chak grenn moun sou latè" Menm jan se pou tèt dezobeyisans yon sèl moun ki koz tout lòt moun vin peche, se obeyisans yon sel moun tou kap koz chak grenn moun vin jis " **(Wom 5:19)**.

Vinn gen yon pil moun mechan ki te kondane Jezi poul mouri. Yo te kalel nan do ak yon fwèt kach epi yo foure yon kouwòn pikan nan tèt li. Yo kloure menl ak pyel sou yon kwa apre sa yo touye li. Jezikri te mouri sou lakwa pou l te ka peye pri peche nou yo. Avan li mouri, li rele byen fò: "tout bagay fini" **(Jan 19:30)** sa vle di, li konplete tout sa ki te nesesè pou sali ou. Enpe nan disip yo desann kadav li sou kwa a, yo foure li nan yon tonm.

Men jezi pat rete nan tonm nan. Apre 3 jou, li leve pami mò yo. "kris yon fwa pou tout mouri pou peche nou yo. kòm yon moun jis, li reziyel li vinn enjis poul te ka refe nou byen ak Bondye. Yo te touye kò li men lespril te rete byen vivan **(1 Pyè 3:18)**. Jezi te retounen jwenn lavil e li toujou vivan jodi a. Li te monte na syèl e koulye a, li chita a dwat men papa li **(Efezyen 1:20)**. Koulye a, lap gadew epi lap tann ou akseptel pouw pa janm peche ankò.

Ou Kapab Sove

Tout moun ki site non Bondye ap sove **(Wom 10:13)**. Pa gen yon moun ki sen. Chak moun bezwen sali pal epi sispann fè peche. La bib di konsa salè peche se lanmò men kado gratis Bondye se lavi etenèl nan Jezikri Seyè nou an **(Wom 6:23)**. Bondye te kreye yon fason pou tout moun ka sove lè li te voye pitit li mouri pou peche nou yo. Paske Bondye tèlman renmen lemonn, li bay sèl gren n pitit li a, pou pèsòn olye yo peri jwenn lavi etènèl **(Jan 3:16)**.

Bondye sen e li pa aksepte okenn peche devan li. Avan nou antre nan wayòm li a, nou dwe retire tout peche ki nan nou yo. Si ou pa konvèti pouw vin tan kou yon timoun piti, ou pap ka rantre nan wayòm syèl la **(Matye 18:3)**. Nou dwe bay peche do epi koumanse viv sèlman pou Bondye. Menm jan timoun toujou fè paran yo konfyans, nou dwe gen menm konfyans sa a nan Bondye. Menm lè li pat sipoze mouri, li montre kantite renmenl gen pou nou nan vèsè sa a: pandan nou tap neye nan peche kris te mouri pou nou **(Wom 5:8)**.

Se pa Jezikri sèlman, yon moun ka jwen Bondye. La bib di konsa: "gen yon sèl Bondye ak sèl yon medyatè ant Bondye ak lèzòm. Jezikris antan ke moun ofri tèt li an ranson pou limanite alawonn badè" **(1 Timote 2:5-6)**. Pa gen okenn efò nou ka fè antan ke moun pou nou sove tèt nou. Dayè sali Jezikris la pa achtab. Se nivo fwa nou nan Jezikris ak la gras Seyè a kap sove nou. Se la gras ak fwa nou kap sove nou san okenn jefò pèsonèl. Se yon kado Bondye san bòn zèv pèson pou mare bouch tout moun alèlè" **(Efezyen 2:8-9).** Sali a se Bondye sèl ki fè kado sa a. Lè yon moun resevwa yon kado, se pa ni mandew te mandel ni achtew te achtel. Senpmanw resevwa yon kado.

Nenpòt moun ki aksepte Jezi kòm Seyèl ak Sovèl, Jezi di konsa: "mwen se pòt la; moun ki chwazim poul pase ap sove" **(Jan 10:9).** Jezi di ankò:menm la! mwen dèyè pòt la, map frape. Si yon moun ki tande vwam, louvri pòt li pou mwen, map rantre lakay li pou nou manje ansanm.

Si w bezwen etabli yon bon jan relasyon zanmitay ak Bondye, sèl- man louvri pòt kèw bay Jezi. Nan menm moman ou reponn apèl li a, wap pote laviktwa sou pechew yo.

Lè yon moun ne de nouvo se yon lòt jan pouw di li sove. Te gen yon gwo lidè jwif yo rele Nikodèm ki te vin kot Jezi yon jou swa. Jezi di li: "anverite map diw sa, pèsòn pa ka wè wayòm Bondye a amwens li ne de nouvo" **(Jan 3:3).** Nikodèm nan konfizyon li mande Jezi, kouman yon moun ka ne denouvo? Eske se antre poul re antre nan vant manmanl?

Jezi esplikel ke se lespri lòm ki pou ne de nouvo. Peche touye lespri nou yo men gras ak Kris, lespri nou yo ap retounen byen vivan.

Se sèl yon mirak ki ka fè yon vye bagay vinn nèf. Si yon machin kraze, nenpòt mekanisyen ka ranjel. Menm jan pou yon rad ki chire, yon bon tayè ap pyesel, men se sèl Bondye ki ka redrese san defo do yon moun kokobe. Pou kisaw pa profite koumanse yon avanti tou nèf ak li?

Lèw ne de nouvo, ou vinn tankou yon ti bebe ki fenk fèt, ou vinn yon nouvèl kreyati. Se poutèt sa, nenpòt moun ki nan kris se yon nouvèl kreyasyon; ansyen bagay yo disparèt, koulyea ou tounen yon moun tou nèf daprè **(2 Korentyen 5:17)**. Tout vye peche, vye bagay lèd ou konn abitye fè yo, lavalas pote yo ale. Pou Bondye, ou se moun pwòp ki kanpe devanl. Ou tounen pitit Bondye. Paske la bib di: "mwen bay tout moun ki resevwal, tout sa yo ki kwè nan non li, dwa pou tout moun sa yo vinn pitit Bondye tou" **(Jan 1:12)**.

Garanti sali nou chita sou fwa nou nan pawòl Bondye a. granmèsi pawòl Bondye a ki se yon pawòl vivan ek la pou tou tan. Nou vin gen yon lòt vi. Fwa sa a nou pa soti nan yon jèm lanmò men nou sòti nan yon jèm kap viv pou toutan **(1 Pyè 1:23)**. Se fwa nou nan pwomès Bondye yo kap ba nou la viktwa sou peche ki nan monn sa a. Tout moun ki kwè Jezikri se kris la, se Bondye ki papal... depi se nan Bondyew pran nesans, wap venk lemonn kanmenm. Se nivo fwa nou kap pèmèt nou ranpòte viktwa sou monn sa a" **(1 Jan 5:1,4)**.

Mwen baw foul garanti asirans sou sali w. "Men temwayaj la a:Bondye ba nou tout la vi san fen an, se nan pitit li an sèl ou ka jwenn vi sa a sila aki gen pitit la nan li gen la vi; sila yo ki pa gen pitit la nan yo pa gen la vi. Sila yo ki kwè nan pitit non Bondye, se pou nou menm menm map ekri bagay sa yo. Konsa wap si ou gen lavi sanfen an **(1 Jan 5:11-13)**. Siw ranpli tout kondisyon Bondye mande pouw resevwa sali a, pa gen dout nan sa, lap fèw santil. Sila ki relew la fidèl, lap fè tout saw mandel **(1 Tesalonisyen 5:24)**. Pa plase kwayans ou nan emosyon, nan sa la vi pote, nan manm legliz nan okenn gwo zotobre"

La bib pwomèt nou, "si nou konfese peche nou yo, li fidèl epi li jis pou li padone tout peche nou yo, poul pirifye tout inikite nou yo **(1 Jan 1:9)** Depiw bezwen sali a, ou santi Bondye ap relew, tout saw gen pou w fèse remèt peche wyo bay Bondye epi konfese ak bouch ou Jezi kri se Seyè a. Fòk ou kwè tou Bondye te resisitel nan mitan lòt mò yo.

"Siw konfese ak bouch"Jezi se Seyè a", epi si w kwè andedan tout kèw Bondye te resisitel nan mitan lòt mò yo, wap sove. Vèsèa di konsa: "kwayans ou ak jistis ou dwe sot nan kèw, sali w ak konfesyon w dwe sot nan bouch ou" **(Women 10:9-10).** Siw fè tout bagay Bondye mandew yo, ou deja sove.

Siw gen anvi pran sali a, repete pryè ou sot li talè a ak mwen. Mèsi! koulye a kris abite nan ou **(Kolosyen 1:27).** Depi jodi a Jezikri kòt a kòt ap mache ak ou, mwen pap janm kitew.

Mwen pap janm abandonew **(Ebre 13:5).** Nenpòt lèw gen pwoblèm Jezikri ap tou prèw poul edew.

Piske ou sot mande Bondye poul antre nan kèw, ou se yon kretyen koulye a (kretyen = moun kap swiv kris). Se pouw toujou rete nan wayòm, Bondye a. Bondye libere nou anba tout fòs fènwa, li plase nou nan wayòm pitit li renmen anpil lan. Nan li nou jwenn tout redanmsyon, tout padon peche nou yo **(Kolosyen 1:13-14).** Nan moman sa a menm,Jezi kri ap prepare yon sipèb plas wayal nan syèl la pou ou!

"Kay papam lan chaje ak apatman; mwen pap baw manti. Mwen pral prepare yon plas pou ou, lè m fin prepare plas la,map retounen vinn chachew pou nou toujou ret ansanm" **(Jan 14:2-3).**

Ou ka geri

Yonn nan benefis yon moun kap viv nan wayòm lan genyen se avantaj gerizon sinatirèl yo. Bondye pa vlew malad. Sedwaw pouw toujou genyen yon sante divinn. Gade pwomès Bondye yo: Mwen se Letènèl kap geri w la **(Egzòd 15:26)**. Li se Bondye kap padone tout peche w yo epi geri tout enfimitew yo **(Sòm 103:3)**. Pawòl li di konsa: Zanmi mwen , mwen swete tout bagay ap mache byen pou ou. Mwen swetew sante nan kò ou ak nan lespri ou **(3 Jan 1:2)**.

Depi nou sove, nou gen libète total kapital sou peche ak tout sa peche trennen dèyè yo. Maladi se rezilta konsekans peche Adan ak Ev nan jaden an. Men Jezi te mouri sou la kwa poul te ka detwi tout sak an-nafè ak peche. Tankou pwofesi pwofèt Ezayi: "Men, se soufrans nou te gen pou soufri a, li soufri pou nou. Se doulè nou te gen pou santi nan kò nou. li te pran sou dol. Nou menm menm, nou te konprann se pini Bondye tap pinil. Nou te konprann se frape Bondye t 'ap frapel, se kraze Bondye tap krazel anba menl. Se pou peche nou kifè yo te blesel konsa. Madichon ki te sou nou an, se sou lil tonbe. Se soufrans li yo ki ba nou lapè. kou li te resevwa yo ban nou gerizon. Nou te tankou ti mouton gaye pasi pala men chatiman ki pou te tonbe sou nou an, Seyè a fèl tonbe sou li" **(Ezayi 53:4-6)**.

Gerizon se yon pati nan travay Jezikri te fè sou la kwa. Se mak kout frèt yo te kale Jezi a ki geri nou "pa mak kou li yo, ou geri" **(1 Piè 2:24)**. Jezi te pran tout soufrans nou yo met sou do l pou nou pa janm soufri ankò. Gerizonw la, se ou pou akseptel, Jezi deja prepare poul geriw.

Lè Jezi tap viv sou la tè, se pa de (2) moun malad li pat geri. yo te mennen ba li anpil posede ak demon. Ak yon gren n pawòl, li te chase movèz esprisa yo epi geri tout moun malad. Sa a se akonplis-man pawòl pwofèt Ezayi te pwofetize a: "li te pran met sou do l tout enfimite nou yo ak tout maladi nou yo" (**Matye 8:16-17**).

Yon jou, genyen lidè relijyon yote rele Jariyis ki vin kot Jezi. Misye met ajenou ap sipliye Jezi pou l al lakay li:"Mèt fi pitit mwen an malad vanse mouri." Tanpri vini poze menw souli, sove la vi li pou mwen Jariyis te renmen pitit fi li a anpil e l te konnen Jezi ka geril.

Nanmoman Jezi sou wout pral kay Jariyis moun antoure l 2 bò. Pa gen kote pou pike zepeng. Te gen yon fanm nan foul la ki tap soufri ak yon pèdisyon depi douzan. Fan m sa a te san zespwa paske l te deja depanse tout ti kòb li nan monte desan n kay doktè. oken n nan doktè sa yo pat ka geri l se Jezi ki te dènye lespwa l.

Pandan l sot pou kont li ap reflechi, manmzèl di nan li menm: si m te ka manyen woulèt rad li sèlman, m kwè m ka geri. Li antre nan foul la, li trennen kòl, yo pile l yo bourade l men se pa pou li sa. Anfen li longe men l, li touche pwent rad Jezi men m lè a dam nan jwenn gerizon l.

Jezi santi gen yon fò gerizon ki sot na li, li kanpe pou l mande:"Ki moun ki touche m lan? Disip yo te twouve kesyon Jezi a dwòl paske se prèske tout moun nan foul la ki tap touche li. Men Jezi te poze kesyon an paske moun sa a, se yon gwo fwa li met deyò pou l te touche. Dam lan ki te geri a avanse devan, li rakonte Jezi sa l te fè a. Jezi reponn li:"Pitit fi mwen, se fwa w ki geri ou, ale lakay ou anpè, soufrans fini pou ou".

Move nouvèl, kèk moun tou cho tou bouke apèn sot kay Jariyis di l tifi li a mouri. Jezi pa ka fè anyen pou tifi a koulye a. Jezi tande sa yo di a li di Jariyis yon bagay:"pa pè, kwè sèlman".

Lè Jezi rive kay Jariyis, li wè tout moun dlo nan zye ap kriye. li di yo konsa: "Ti fi an pa mouri, Lap dòmi. Men tonbe griyen dan yo paske yo te konnen tifi a mouri tout bon. Jezi mande tout moun al fè wout yo. Li rantre nan chanm tifi an sèlman ak manman epi papa l. li pran men tifi a tou mouri epi li di" Tifi leve kanpe menm lè a, tifi douz lane sa a leve monte desan n ap mache. Tout moun te sezi pou kokenn chen n mirak sa a.

Men m moun Jezikri te ye yè a, se men m moun lan li ye jodi a ese men m moun lap toujou ye **(Ebre 13:8)**. Si Jezi te konn geri moun depi 2 mil ane pase, li kapab geri ou jodi a. Menm jan ak fan m ki te soufri pèdisyon an, ou dwe lonje men w pa la fwa bay sovè gerizon an.

Siw mande lidè legliz kote w mache prye pou ou, wap geri. Lè yon moun pami nou malad, se pou l rele ansyen nan legliz la pou prye pou ou pandan lap vide sou fron wbon lwil onksyon santi bon. Tout pryè ki fèt ak la fwa toujou pote gerizon. Letènèl ap toujou geri w lè ou malad, lèw peche lap padone w. Men se pouw toujou konfese pechew bay kretyen parèy ou. Epi you n prye pou lòt pou n ka gri **(Jak 5:14-16)**.

Ou ka gen fwa nan Bondye

La fwa se konsa lajan wayòm Bondye a rele. "Sepou w gen la fwa nan Bondye" Jezi te repon n yo konsa: An verite m ap di ou nou, si yon moun di mòn ki devan nou la: deplase al jete tèt ou nan lanmè. si li pa gen dout nan kè lki nan moman l di sa, mòn lan ap deplase tout bon. Se poutè sa, nenpòt sa nou mande Bondye lè wap prye. Kwè ou deja resevwal e wap resevwal" **(Mak 11:22-24)**. Daprè vèsè sa a, yon kretyen ka gen tout sa l vle depil prye Bondye ak la fwa.

Kisa la fwa ye? La fwa se lè w pa gen pyès moun ou fè konfyans ke Bondye. La fwa se lè w toujou fè Bondye konfyans nan mitan pwoblèm ak tribilasyon yo. Lafwa wè sak nwizib yo e li kwè nan sa k enposib yo. La fwa se lè ou kelkeswa sa pwoblèm ye, pawò Bondye gen pou l akonpli. La fa se lè w fè pwomès Bondye yo konfyans. La fwa se lè w pa gen oken dout Bondye ap pran swen w. La fwa se lè w kwè nan Bondye plis ou kwènan pwoblèm ou yo.

La fwa se yon asirans bagay ou ta renmen enyen yo ak demonstrasyon bagay ou pa ko wè devanw **(Ebre 11:1)** saspa gen lontan, m achte yon tikè avyon. Lè map achte tikè a m pa mande pou m wè avyon m pwal vwayaje a. m te gen fwa em te konnen jou pou m pati a, avyon an ap deja nan ayopò a. Tikè a reprezante pwomès konpayi avyon an. La fwa tankou tikè avyon an se asirans ki ban nou garanti pwomès Bondye yo se la verite.

"Nou dwe viv pa la fwa e non pa pa sa nou wè" (**2 Korentyen 5:7**). La fwa men m jan ak yon ti pwopriyete yo ba ou sou yon kay ou poko men m konnen depiw gen papye kay la nan men w, kay la men m si w pa wèl rele w chèmèt chèmètrès. ak tout asirans, ou gen dwa reclame byen sa a pa w men m si w poko jan m wè l.

Kay ki moun la fwa chita? Jezi se li ki kòmansman, se li tou ki finisman fwa ou (**Ebre 12:2**). Se Jezi ki sous la fwa noyu, li se sijè ak garanti fwa nou. Lapot pòl ekri nan la bib: La fwa soti mesaj w ap tande yo, mesaj yo soti nan pawòl Kris la (**Women 10:17**). Bouton la fwa limen depi se pawòl Bondye wap tande, Bondye plase ka y chak moun kap viv yon ti mezi rèt lafwa (**Women 12:3**) men plis nap tande pawòl Bondye se plis volim fwa nou ap ogmante.

Nou men m kretyen no pa ka viv san la fwa. Preske tout kotenan la bib la, se sa Bondye toujo di nou moun jis la dwe viv ak lafwa (**Abakik 2:4; Women 1:17; Galat 3:11, Ebre 10:38**). sila yo ki byen kanpe nan Bondye, dwe viv pa la fwa. se nivo fwa w nan Bondye ki pral di si w dwe al viv nan syèl ou byen si w dwe al pouri nan lanfè. Paske san la fwa, pèsòn pa ka fè Bondye plezi. Nenpòt moun ki vin chache l oneètman" (**Ebre 11:6**).

Kote ki gen lafwa, Bondye toujou voye bon repons. Bon Dye pa konn achte figi moun, se figi lafwa selman li achte. Santiryon te di Jezu: selman di yon mo depi sevite m lan ap geri. Laanko, Jezijwenn likotenivofwalpiwoa esesaklidil: sevite wlaapgerijanwswete li a (**Matye 8:5-13**). Menm le a, sevite santiryon an geri. Menm jan Jezi te reponn fwa neg san zespwa sa a, se menm jan Bondye gen pou l sevi w nan moman nivo fwa w piwo a.

Si ou pa ekzese fwa ou, li pa janm travay. Fwa ou tankou mis ou yoplis ou sevi avek li se plis li vin pi gwo. Toutotan ou poko fe yon aksyon, ou poko gen lafwa. Lafwa san yon bon aksyon deye l se yon fwa ki mouri **(Jak 2:17)**. Lafwa san bon zev se yon fwa ki mouri. Yon fwa ki pa trennen bon zev deye l se lave men w siye l ate. Daye yon fwa ki pa man\che ak bon zev pa rele fw. Lè kat mesye yo demonte do kay la pou yo te desann zanmi yo a ki te malad, Lik di konsa : "Jezi te we nivo fwa yo". Pou m pi kle, Jezi te remake yon jes natirel ki demontre fwa yo. Yo te aji dapre fwa yo e Jezi te bay yo sevis **(Lik 5:17-26)**.

Kom Kretyen, ou oblije aji sou fwa w. Eseye fe yon jes ak ko w ou pat ka fe anvan, aji fwa ou pou we. Si ou gen yon manm nan ko w ki paralize, eseye deplase l. Si ou paka mache, eseye mache. Si ou gen yon timè nan kò w mete men wsou ti timè sa a epikoumanse lapriyè. Aji ou fwa ou kounye a pou w lonje men w bay Jezi.

Ou kapab ranpli ak Sentespri

Sentespri se twazyèm moun nan sa teolojyen yo rele "Trinite." Se twa moun ki ladan l: Bondye papa a, Bondye pitit la (Jezikri), ak Bondye sentespri a. Lespri a se manmki pi vital nan trinite a anvan menm la kreyasyon. Yo se twa Moun diferan pou yo toujou rete ant yo twa yon sèl Bondye. Lè latè te san fòm epi l te vid, fè nwa blayi sou tout sifas byen fon yo, se lespri Bondye ki te sèl kòk chante ap vòltije sou dlo yo **(Jenèz 1:2).** Kounye a ankò, premye kontak yon moun ak Bondye se pa sentespri a.

Jezi pase plis ke twanntwazan (33 zan) sou latè men depi l retounen nan syèl, se sentespri ki pran plas Bondye a pami nou men m lèzòm. JanBatis te pwofetizesou vini sentespri a lè l te di: "mwen batize ou ak dlo pou repantans. men gen yon moun ki gen pou l vin n aprè mwen, li pi fò pase m lontan. men m sanda l nan pyel m pa diy pou m pote. Moun sa a ap batize nou ak sentespri ansanm ak dife" **(Matye 3:11).**

Jezi te pwomètdisip li yo l ap voye Sentespri popou ret ak yo lèl ale map mande papa m pou l ban nou yon lèt konseye kap ak nou toutan yon lesprilaverite. Lemon n pa p dakò ak li paske l pap ka ni wèl ni rekonèt li. Mennou men m n ap konnen li paskel ap abite nan nou epi lap nan ou **(Jan 14:16-17).** Daprè vèsè nou remake Sentespri a ak nou tout pandan l abite nan nou.

Sentespri a se sous dlo vivan pou tout ki swaf espirityèlman. Jezi di: "nenpòt moun ki swaf vin bwèm kòm dlo. Sila yo ki kwe nan mwen dapre sa lezekriti di vini nan zantray yo gen pou pete plizye kouran sous dlo kap bay la vi a. Se sou sentespri a ki te gen pou li vini an Jezikri ta pale ak tout kwanyan li yo. Men fok Jezu te resevwa glorifikasyon l anvan sentespri te komanse travay pal sou late **(Jan 7:37:39).**

Apre Jezu te fin leve na lanmo, li mande disip li yo pou yo rete tann sentespri a vini sou yo nan jerizalem 'pa kite jerizalem, rete tann kado papa m pral voye pou nou an janm te ttoujou ap di nou. Jan li menm batize nou ak dlo men nan kek jou nou menm, nap batize ak sentespri **(Travay apot 1:4-5).** Jezuy repote menm pawol la anko map voye ba nou sam mwen menm ak papa m te promet men ret nan vil la jiskake nou mete sou nou wob sentespri a kap depi anwo nan syel desann sou nou ak tout pisans li **(Lik 24:49).**

Sanven (120) disip mete tèt yo ansanm, yal reyini anlè nan chanmòt ap priye pou sentespri a desann. "lè pou pannkòt la rive, yo tout te reyini ansanm menm kote. Yo rete konsa, epi yon sèl bwi sot nan syèl la tankou yon gwo van kap soufle ; li plen tout chanmòt kote yo te ye a. Lè sa a, yo wè yon bann lang pa rèt tankou ti flanm dife ki separe youn ak lòt epi l ka poze grenn pa grenn sou tèt chak. Yo tout te vin anba pouvwa sentespri epi yo pran pale lòt lang daprè jan lespri Bondye tap fè yo pale" **(Travay apòt yo 2:1-4).**

Gwo kokenn vesman ak pisans sentespri afice jou pannkòt la se akonplisman pwofesi pwofèt Joèl la. Apre sa, map vide lespri mwen sou tout moun. Pitit gason ak pitit fi nou yo ap bay mesaj sou sa ki pou rive. Granmoun nou yo gen pou fè rèv. Jenn moun nou yo ap gen vizyon. Wi lè sa a, ma vide lespri m sou tout moun ata sou moun kap travay lakay nou, fanm kon gason **(Joèl 2:28-29).** Kado sentespri a se pou tout moun. Granmoun kou lajenès, fanm kou gason, papa ak tout pitit yo, Tout moun alawonn badè te resevwa sentespri jou sa a.

Menm kote a, Pyè koumanse preche. Apre prèch la, 3000 moun bay Jezi nanm yo **(Travay apot 2:41)** sentespri te sitelman ap bouje an pisans jou sa a, yon lòt 5000 vè pita aksepte Jezi se konsa tou legliz primitiv chak jou pase tap vin gen plis manm ladanl **(Travay apot 2:47).**

Ki wol sentespri a?

Sentespri se konsolatè nou, se kou nou nan moman fè nwa nou yo,pwofesè nou, avoka nou devan papa a, konseye nou epi zanmi nou men kèk lòt avantaj yon kretyen benefisye lè l gen sentespri nan li.

1. Sali pèsòn pa asire san se pa travay sentespri a. "si sentespri Bondye pap dirije lavi yon moun, li pap ka di Jezi se seyè a". Nou sove gras a travay sentespri nan la vi nou. Li delivre nou lè li lave nou, li voye pouvwa sentespri li nan nou pou chanje nou nèt, pou n sa viv yon lòt jan **(Tit 3:5).** Sentespri se asirans sali nou." Lespri Bondye a bay lesri pa nou lasirans se pitit Bondye nou ye **(Women 8:16).**

2. Sentespri fè nou brav pou n pale zafè Bondye ak lòt moun. "men nou va resevwa foul pisans lè lespri desann sou nou. Nou va sèvi m temwen nan jerizalèm. Nan tout vil jide ak samari epi jouk dan denye bout la tè **(Travay apot 1:8).**

3. Sentespri antre nan kè nou; li ban nou temwanyaj konsènan Jezikri. Konsolatè agen pou l vini. Se lespri k'ap montre nou verite a. Se nan Bondye l sòti papaa ap ban mwen pou m voye ba nou. La pale nou sou mwen **(Jan 15:26)**.

4. Sentespri se gid tout kwayan nan chimen verite. Premye kanpe nou pou la verite se pawol Bondye men se sentespri kap revele verite pawòl Bondye yo nan kè nou. Se Sentespri ki dirije nou al dirèkteman nan vèsè nou bezwen pou chak jou nou yo. Men, li men m lespri kap motre verite a, lè li vini la menm nou nan tout verite a. Paske li pap pale pawòl pa li. La di nou tout sa li tande. La fè nou konnen bagay ki gen pou rive yo. L'ap fè yo wè pouvwa mwen paske l'ap pran sak pou mwen pou l fè nou konnen yo **(Jan 16:13-14)**.

5. Se Sentespri ki bay don sinatirèlyo. Lespri Bondye fè travay li yon jan diferan nan la vi chak moun, men li fè l pou byen tout moun. Lespri a bay yon moun don pou l pale ak bon konpran n. men lespri a bay yon lòt moun lafwa, se li menm tou ki bay yon lò don pou l geri moun malad, Lespri a bay yon lòt don pou fè mirak, li bay yon lòt don pou l bay mesaj ki soti nan bondye, li bay yon lòt don pou l ka eksplike sa pawòl langaj la vle di. Men se yon sèl lespri ki fè tou sa. Li bay chak moun yon kado diferan jan li vle **(1 Koretyen 12:7-11)**.

Sentespri bay yon lòt pil kalite don pou edifikasyon chak kwayan. Se vre pa gen yon gren n moun ki gen tout don Sentespri yo. Sentespri bay tout don yo mwayen pou manifeste daprè jan k O kris la parèt bezwen l.

Konsatou, nou anpil men nou fè yon sèl kò ansanm ak kris. Nou tout nou fè yon sèl kò youn ak lòt tankou lizyè manm nan yon sèl kò. Bondye pa bay tout moun menm don. Men nou fèt pou n sèvi ak kado a dapre favè Bon Dye fè nou. Si yon moun resevwa don pou l anonse mesaj ki sot nan Bondye, se pou l fè sa dapre la fwa li. Si yon lòt moun resevwa don pou l fè yon travay, se pou l fè travay la, moun ki resevwa don pou l bay ankourajman se pou l fè sa, moun ki ap bay nan sa li genyen an, ke l fè sa san gad dèyè. Moun kap dirije se pou l fè sa byen. Moun kap montre jan li gen kè sansib, se pou l fè sa ak kè kontan **(Women 12:5-8)**.

Se pou moun kap bay mesaj pawòl Bondye a kontwole don yo genyen a paske Bondye pa pran plezi nan fè dezòd **(1 Korentyen 14:32)**. Men tout bagay fèt pou fèt ak repè, ak disiplin **(1 Korentyen 14:40)**.

Prepare w pou resevwa sentespri

Se volonte Bondye pou chak kwayan (Menm ou menm) ranpli ak sentespri. "Se pou tèt sa, pran tèt nou byen, chak konnnen se Seyè a vle pou nou fè" **(Efezyen 5:17-18)**. Sa vle di se volonte Bondye pou w ranpli ak sentespri.

Ou ka mande Bondye ak konfyans ou pou l ranpli w ak sentespri. Fòk ou rekonèt se volonte Bondye menm pou w gen don sentespri la. "Se konfyans s a nou genyen menm kretyen genyen lè n al kot Bondye. Nenpòt bagay nou mande Bondye dapre volonte l , li tande nou. Si li tande nou, nou konnen lap ban nou sa nou mande l" **(1 Jan 5:14-15)**.

Ou pa bezwen ap mande Bondye sentespri a tankou se charite wap mande. Men se yon obligasyon pou w mande Bondye. Map di nou sa: "Mande, ya ban nou, chache na jwen n, frape ya louvri pou nou. Paske nenpòt moun ki mande, la resevwa n; nenpòt moun ki chache, la jwen n; ya louvri pou moun ki frape. Eske moun ki papa pitit ta bay pitit li yon koulèvsi li mande l pwason? Osinon, eske ta bali yon skòpyon si l mande l yon ze? Si nou men m ki mechan jan nou mechan an, nou kon n bay pitit nou bon bagay, se papa nou ki nan syèl ki pou ta refize ban nou sentespri l lè nou mande li (**Lik 11:9-13**). Sentespri silvouplè se yon jèn jan debyen. Li papn jan m fòse w resvwal. Si wpa envitel li pap ka antre nan la vi w.

Kouman w ka fè konnen si yon moun nranpli ak Sentespri Bondye a? Jezi di: "se fwi yo kap fèw rekonèt yo" (**Matye 7:20**) ki sa ki fwi lespri yo? "Men fwi lespri yo se: renmen, kontantman, lapè, pasyans, bonte, jantiyès, ladousè, fidelite ak bon jan kontwòltèt ou" (**Galat 5:22-23**). Depi ou kwaze ak yon kwayan ki gen tout fwi sa yo nan, monchè ou mèt si li ranpli ak Sentespri.

Ou kapab priye Bondye ak yon langaj spirityèl.

Se toutan Sentespri san w pa konnen ap pye Bondye nan yon langaj ke se sèl li men m, ki konpran n li. Ou men m tou, ou ka prye nan lang tou nèf sa a. Sèlman louvri bouch ou epi kite lespri Bondye sevi ak kòd vwa ou. Pa bliye pwomès Jezi a, "men ki siy kap akonpaye sila ki kwe nan mwen Y yo va pale nouvèl lang" (**Mak 16:17**).

Nan youn pwofesi yo Ezai e pale sou yon lang tou nèf ki ta gen pou l pote yon rafrechisman nan kè tout kwayan ki boulvèse yo. "Si yo pa koute m Bondye pral voye yon bann moun ki ap pale yon lòt lang yo pap konprann menm pou pale ak yo. Se li menm ki te ban nou yon kote pou n poze ko nou, yon peyi kote tout moun ki bouke ka jwenn kanpo, yon peyi moun ka viv ak kè poze men nou pa vle koute" (**Ezai 28:11-12**).

Lòt lang sa a tankou yon sous dlo li kap ba li lavi ki pap janm fini an **(Jan 4:14)**.

Jou pannkot la, se plis pase 120 disip ki te tonbe pale lòt lang lè sentespri te ranpli yo **(Travay apot yo 2:4)**. Kònèy ak tout moun lakay li te tonbe an lang lè sentespri te desann sou yo **(Travay apot yo 10:44-48)**. Plizyè kwayan nan vil efez te resevwa le sentesprilè Pòl te poze men l sou yo **(Travay apot yo 19:6)**.

Pòl li menm pat pran tan pou sentespri te ranpli l lè Ananias te poze men sou li **(Travay apot yo 9:17)**. Gad kisa l te ekri kwayan nan vil Kowent yo. "Mwen di Bondye mesi paske mwen pale lot lang pase nou tout **(1 Kowentyen 14:18)**. Pòl di konsa lè yon moun pale an lang pou l bay mesaj ki soti nan Bondye yo, se konfians tout legliz la lap bay fòs **(1 Kowentyen 14:4)**. Pòl te pase legliz kowent la lod pou yo janm pale an lang **(1 Kowentyen 14:39)**. Lè yon moun fè espò, li vini gwo nèg se menm jan lè yon moun ap la priy`e an lang, lespri li vin pi fò. Jid te di nou sa, "ak pouvwa sentespri, se pou nou lapriyè san rete ak lafwa" **(Jid 1:20)**.

Ou gen dwa pou viv an nabondans

Bondye gen yon gwo plan pou la vi ou. Ou pa fèt ni pa aksidan ni pa chans. Ou te nan panse Bondye menm anvan ou te fèt **(Efezyen 1:4)**. "Se mwen ki konnen sa m gen nan tèt mwen pou nou. Se mwen Seyè a ki ap pale. Se byen nou mwen vle wè, pa malè nou. Mwen gen bon jan plan pou avni nou tout **(Jeremi 29:11)**. Ou pap janm ka imajine tout benediksyon Bondye sere pou sila yo pou renmen li. "Pèsòn pa janm wè ni pa janm tande, bagay okenn moun pa janm met nan tèt yo se sa Bondye pare pou moun ki renmen li" **(1 Kowentyen 2:9)**.

Ou pa oblije ap viv nan lakrent. Pa gen pwoblem ni tribilasyon ou ap andire ki pi gwo pase pisans Bondye. "Mete gason sou ou! pa janm dekouraje! Ou pa bezwen tranble, ou pa bezwen pè, paske Seyè Bondye ap toujou kanpe ak ou tout kote ou pase **(Josie 1:9)**. Depi ou fè Bondye konfyans, tout krent ou yo ap disparet. Paske, lespri Bondye ban nou an pa fe nou wont moun. O kontrè lespri Bondye a ban nou fòs, renmen ak pouvwa pou kontrole tèt nou **(2 Timote 1:7)**.

Ou pa bezwen trakase w. "Se pou tèt sa mwen di nou pa bat ko nou pou manje ak bwè pou n sa viv, ni pou rad nou bezwen mete sou ko nouY men pito nou chache wayom li ak jistis li anvan. Lè sa a Bondye ap ban nou tout lòt bagay sa yo tou" **(Matye 6:25, 33)**. Depi ou fè bèl papa ki nan syel ou a konfyans, lap ba w tout sa ou bezwen sou latè.

Ou gen dwa mennen yon vi ki pot la viktwa sou peche, sou maladi, sou povrete ak tout vye zèv satan. Paske tout pitit Bondyo yo pote la viktwa sou lemond akoz fwa yo nan Jezikri. Tout moun ki pran nesans yo nan Bondye gen tan venk lemond. Se la fwa nou ki pemet nou pote la viktwa sou lemond. Se sèl sila yo ki kwè Jezikri se pitit Bondye a kap pote la viktwa sou mond sa a **(1 Jan 5:4-5)** viktwa Jezi pote sou lakwa a pou tout kwayan. Se kado Bondye fè w ki pemet ou pote la viktwa sou move sikonstans yo. Men gras a Dye, li ban nou viktwa pa pitit li Jezikri **(1 Kowentyen 15:57).**

Bondye kreye nou yon jan pou n toujou pote la viktwa sou pwoblèm yo, soun danje yo ak sou ènmi nou yo. "Men, sou tout bagay sa yo, nou genyen batay la nèt ale. Granmesi moun ki renmen nou an" **(Women 8:37).** Pwòp fòs ak kouraj nou pa ka fè nou gen batay la, se pisans Jezikris nan ou, ki ka fèw pote laviktwa. Men m Jan apot Pòl te di, "pa gen anyen m pa ka fè gras a sila a ki ban m fòs la" **(Filipyen 4:13)** pisans wayòm nan ou a pi fò lontan pase pisans fè nwa ki antoure ou a. "Nou menm timoun Bondye yo, nou deja pote viktwa sou bagay sa o paske sila ki nan ou pi gran pase sila a ki nan monn lan" **(1 Jan 4:4).**

Bondye ban nou kèk bon jan zam pou nou goumen ak satan. Se pou tèt sa, depi koulye a, pran tout zam Bondye bay yo. Konsa lè move jou a rive, n'ap ka kenbe tèt ak lènmi an. Lè batay la fini nèt, na kanpe byen fèm nan pozisyon nou tujou. Pare kò nou, mare verite a tankou yon sentiwon nan ren nou. Pwoteje nou ak jistis Bondye a tankou plak pwotèj solda yo mete sou lestomak yo pou pwoteje yo. Pou soulye nan pye nou, mete aktivite pou anonse bòn nouvèl kap fèmoun viv kè poze. Toujou pran konfyans nou gen nan Bondye a tankou yon defans kap pèmèt nou pare tout flèch satan ap voye tou limen sou nou. Se pou nou resevwa pouvwa Bondye kap delivre nou an tankou yon kas an fè nan tèt nou. Pou nou aksepte pawòl Bondye a tankou yon nepe Sentespri a ban nou **(Efezyen 6:13-18).** Ak zam sa yo, nap ka defan n tèt nou kont tout vye atak mechan an. "Zam nap sèvi nan batay nap mennen an, se pa menm ak zam moun kap viv daprè lide ki nan lemonn yo. Zam mwen se zam ki gen pouvwa devan Bondye pou kraze tout gwo fò. Map kraze tou sa lezòm nan lògèy yo ap fè pou anpeche moun konnen bondye. Map mare tout vye lide ki nan tèt lèzom yo, map fè yo vin obeyi kris la" **(2 Korentyen 10:4-5).**

Jezi te vini poun te ka viv yon la vi an abondans. "volè a vin pou'l volè, pou'l touye ak pou'l detwi." Men mwen menm vini pou'n gen la vi e silvouplè yon vi an abondans **(Jan 10:10).** Nou ka viv la sou tè ayon vi chaje ak abondans espirityèl, mantal, fizik, santimantalyon vi plen lajan.bondye vle beni kay nou, fanmi nou, relasyon nou yo,travay nou ak lekol nou frekante. Se volonte bondyepou nou gen tout sa nou bezwen nan la vi sa a. Gayis monchè, mwen swete tout bagay ap mache byen pou ou. mwen swete'w an sante nan ko ou men jan ak lespri ou **(3 Jan 1:2).**

Bondye gen pou ba'w gratis tout bon bagay yo. Li pat menm refize nou pwop pitit li-a. Men li bay li pou nou tout. Ki jan pou'l pa ta ban nou tout bagay ak pitit li-a tou pou gen mèsi **(Women 8:32).**

Depiw vin man'm nan wayom bondye a, tout benediksyon syèlla se pou ou. Ou ka gen lapè, kontantman, pwosperite,espwa, sante ak richès. "Lwanj pou bondye, papa jezikris, seyè nou an. se limenm ki beni nou nan la vi nap mennen ansanm nan kris la. li ban nou tout kalite benediksyon pou nou ka viv daprè egzijans lespri bnodye nan syèl la **(Efezyen 1:3).**

Rezon prensipal ki fè bondye ba'w se pou'w ka pataje a lot moun sa'l ba ou a. Bondye deside ba ou plis ke saw bezwen pou w kapab ede lot moun tou prè'w ki nan bezwen. Bondye beni'w pou'w ka bini lot moun **(Jenèz 1:22)**. Konsa zèv ou yoap toujou pote fwi **(Kolosyen 1:10)**.

Gen la vi nan way om Bondye a

Piske'w se yon kretyen koulye a, men kèk bagay kap ede'w gradi pou'w vin pi pre bondye. Bagay kap montre'w pou'w reye nan la vi. "Mwen sèten bondye ki te koumanse bon travay sa-a nan ou, lap kontinye jouk li va fini'l nèt, jou jezi kri a rive" **(Filipyen 1:6)**.

1. Li la Bib

La bib se pawolbondye pou la vi ou. Men'm jan ko fizik ou bezwen fos nan manje wap manje se men'mjan vi espirityèl ou bezwen manje pawol bondye'a. Nan tout bib la,wap jwen'n ap pale nan kè'w pandan lap rele'w plan pou nouvèl vi ou vin ap viv la. Pandan wap etidye la bib, mach ou kom kretyen ap grandi. "Tout sa ki ekri nan la bib, se pou ou montre nou verite a, pou konbat moun ki nan lerè,pou korige moun kap fè fot, pou montre yo ki jan pou yo viv pi byen devan bondye.konsa, yon moun kap sèvi bondye, li tou pare, li gen tou sal bezwen pou'l fè tout sa ki pi bon" **(2 Timote 3:16-17)**.

La bib se tankou yon lèt Bondye ekri ou. Se yon liv ki chaje ak lwa Bondye yo pou limanite. Yon liv plen istwa sou kouman Bondye fonksyone ak lèzòm, li chaje ak yon pakèt bèl sòm ak pwovèb. Ak anpil konsèy sou fòm pwofesi ak ankourajman. Yon liv ki pale sou la vi Jezi ak bon jan eksplikasyon sou doktrin'n kris la. Yon liv tou ki bay yon ide sou ki jan sa ap ye lè Jezi retounen pou'l gouvène an wa epi seyè. Se yon liv ki gen anpil pisans ak pouvwa. "Pawòl Bondye'a gen la vi, li gen pouvwa, li pi file pase kouto debò. Li koupe jouk li jwen n kote nan'm ak lespri moun fè youn. Jouk kote viann ak zo kontre. Li jije tout santman ak tout lide ki nan kè moun" **(Ebre 4:12).**

Verite pawòl Bondye'a etenèl. "Wi zèb la seche, flè a fennen men pawòl Bondye'a ap la pou toutan" **(Ezayi 40:8).**

Se pawòl Bondye'a kap fèw pote la viktwa sou peche "Ki sa yon jèn gason dwe fè pou'l menne bak li dwat? Se pou' ltoujou mache jan ou dil mache'a mwen sere pawòl nan kèm pou m pa peche kont ou" **(Sòm 119: 9-11).**

M'ap ankouraje'w li o mwen yon chapit nan bib la chak jou. Pi bon kote pou'w koumansese levajil jan'an. Liv sa gen pou'l kondi' w nan yon wout senp men ki chaje ak pisans. Yon wout kap fè vi'w men'm jan ak jezi.

2. Aprann vèsè yo pakè

Wap jwenn bon jan kolaborasyon, ankourajman ak sekou nan moman pwoblèm yon yo siw sonje vèsè yo. La bib di konsa: se pou pawòl nan liv lalwa'a toujou na bouch ou. Se pou wap kalkile yo nan tèt ou lajounen kou lannwit pou w ka viv daprè sa ki ekri nan liv la **(Jozye 1:8).**

Men kèk vèsè m'ap baw pou w apran n pa kè semen kapvini.

La premye jou a: **Jan 3:16** "Paske Bondye tèlman renmen lemond, li voye sèl pitit li a mouri pou nen pòt ki kwènan li pa peri, men pou'l gen la vi etenèl."

Dezyem jou a: **1 Jan 1:9** "Men, si nou rekonèt devan bondye nou fè peche, nou mèt gen konfyans nan li. Paske lap fè sak gen pou fèt la. Lap padonnen tout peche nou yo, la netwaye nou anba tout sa ki mal"

Twazyèm jou a: **Jak 4:7** "Se poutèt sa, desan n nou devan Bondye. men pran pozisyon kont satan la kouri kite nou."

Katriyèm jou a: **Travay apot yo 1:8** "Men nou va resevwa pisans Sentespri a lèl desann sou nou. Nou gen pou n temwen nan vil Jide, nan vil samari ak jouk nan dènye bout la tè."

Senkyèm jou a: **Jan 14:21** "Moun ki aksepte kòmandman m yo, ki obeyi yo, se moun sa ki renmen mwen. Papam va renmen moun ki renmen mwen mwen men m tou, ma renmen l epi fèl wè mwen."

Sizyem jou a: **1 Jan 5:14-15** "S konfyans nou tout genyen lè na l kot Bondye, nenpèt bagay nou mande l daprè volonte li, li tande nou. piske l tande nou, nenpòt sa nou mande l, nou konnen lap ban nou li."

Setyèm jou a: **Mak11:24** "Spotè sa, nenpòt sa w mande Bondye le wap la pryè, kwè ou resevwa l e lap ba ou li Eske w wè l difisil pou w aprann vèsè sa yo pa kè? Men kèk ti pwent ki ka ede w."

1. Repete vèsè sa fò Daprè

Women 10:17, "la fwa soti nan saw tande." Tout pandan wap repete vèsè a byen fèak bouch ou, wap tande l ak zorèy ou klonsa fwa ou ap pran man m e lap vin pi fasil pou w sonje vèsè a. Fòk m, wen di nou sa: chak moun ap gen kont poul rann jou jijman an po chak mo ki te sot nan bouch yo pa negligans. Paske v.

2. Repete vèsè afwaz paapre fwaz Si w santi vèsè a two long, repete fwaz apre fwaz jou k ou sonjel tout.

3. Repete vèsè a plizyè fwa **Jozye 1:8** di nou kouman nou dwe medite yon vèsè. Mo medite a vle di moulen Menm jan yon bèf riminen manjel de tanzantan, nou dwe mantalman riminen verite pawòl Bondye a. Nan repete vèsè aplizyè fwa, li vin tounen yon kòk siman nan lespri w epi vi w ap koumanse chanje.

4.Konfese pawòl Bondye a nan la vi w nivo vi w baze sou nivo konfesyon ou. Se mo ki sot nan bouch ou yo ki revele kondisyon kè ou. "Se sa ki na kè w, bouch la pale". Moun ki bon an pwodi bagay ki bon e yon moun mechan pwodi mechanste ki nan li a. Fòk mwen di nou sa: chak moun ap gen kont pou rann jou jijman an pou chak mo ki te sot nan bouch yo pa neglijans. Paske vèsè a di men m jan pawòl nan bouchkap sove w se menm pawòl nan bouch ou yo kap kondane w **(Matye12:34-37)**. Lè ou konfese pwomès Bondye yo, waop fini pa posede yo tou. se mo ki sot nan bouch ou kap ede ou byen kap fèw wont. Lang nan bouch ou an gen pouvwa la vi aklanmò **(Pwovèb18:21)**.

3. Prye chak jou.

Laprye se lign ki koneknekte w ak Bondye. Se pou w bay tèt ou abitid lapriyè chak jou. "Pryè moun ki jis la gen bon jan efikas" **(Jan 5:16)**. Pwomès sa vle di nan sèlman Bondye tande prye ou lap reponn ou tou. lapryè se pale wap pale ak Bondye nan kèk w. Di Bondye sa w santri dil sa kap pase wRemèt tout pwoblèm ou yo bay bondye. Se dezil sa pou lede w nan tout sa ki konsene la vi w. Remèt li tout sak soti pou baw danje paske l gen anpil sousi pou ou. **(1 Piyè 5:7)** Remèsye l pou bonte l nan la vi ou. D il kouman w renmen anpil.

Lapryè se yon konvèsasyon ant ou men m ak Bondye. Rele m ma reponn ou. Ma pfè w konnen anpil gwo bagay, bann mèvèyou pat janm konnen (**Jeremi 33:3**) Lè wfin pale ak Bondye fè yon ti silans epi tande sal gen pou diw. Se tankou yon estasyon radyo kap travay si w pa jan m metel sou pè ou vle a, ou pap janm resevwa siyal konsa tou, Bondye toujou vle pale ak ou mense pou w prepare w pou w tande sa l gen pou l diw. Sèl fason pou w fè sase pou w pase anpi l tan nan lapryè.

Si ou pa konn sa pou w di lè wap lapryè, ou ka resite "Notre Pè" Kèm egzanp. Lè disip yote mande Jezi pou montre yo la pryè, men ki jan li te montre yo prye: papa nou ki nan syèl, nou mande pou yo toujou respekte non ou. Vin tabli gouvènman ou, pou fè volonte w sou la tè, tankou yo fèl nan syèl la. Ba nou manje nou bezwen pou kò nou jodi a. Padone tou sa nou fè ki mal menm jan nou padone mou ki fè nou mal. Pa kite nou nan pozisyon pou n tonbe nan tantasyon men delivre nou anba satan. Paske se pou ou tout otorite ak tout pouvwa ak tout lwanj depi toutan ak pou toutan. Amèn" (**Matye 6:9-16**).

4. Entimite ak kwayan yo.

Oudwe al legliz. Ou pa fouti yon bon kretyen pou kont ou la bib di konsa: "Pa pran egzanp sou moun ki pran abitid pa vin nan reyinyonnou yo. Okontrè se pou youn ankouraje lot fè sa ki byen (**Ebre 10:25**) Jezi gen legliz wayòm Bondye a plis manifeste sou la tè, opu bezwen sipò, ankourajman ak fòmasyon lòt kwayan yo.

Sa vle di ou dwe man m yon legliz. Si w poko manm okenn legliz, chache yon legliz kote bon jan levanjil Kris la ap prteche fidèlman. Chwazi yon pastèkap preche sa ki nan bib la epi ki kwè nan mirak-Bondye yo. Chwazi yon legliz kote moun ap konvèti, kote moun ap geri. Mache nan yon legliz kote prezans Bondye vivan lè wap rantre ladan l.

Byenvini nan wayòm nan

39

5. Se pou w batize nan dlo.

Btèm dlo se yon enpòtan nan vi yon kretyen. Se yon senbòl sou lanmò ansyen moun nou te ye a ak rezireksyon nou an tan yon kreyasyon tou nèf. Jezi te di disip li yo:"Nenpòt moun ki kwè epi ki batize ap sove, men nenpòt moun ki pa kwè tou , lap kondane (**Mak16:16**). Jezi te bay disip li yo lòd pou ya le: "al fè disip pou mwen nan tout nasyon yo nan non papa a, pitit la ak sentespri a" (**Mtye 3:13-7**).

Jou pannkot la, Pyè te preche yon gwo mesaj. apre li mande tout moun ki tap tande mesaj la pou yo repanti." Py8 reponn yo, tounen vin jwenn Bondye epi youn aprè lòt avanse vin resevwa bat8m nan non Jezikri, pou Bondye padone tout peche nou yo. Apre sa, na resevwa Sentespri, kado Bondye a (**Travay apot yo 2:41**).

Pyè te batize tout kay Kònèy alawonnbadè apre yo te fin resevwa Sentespri a (**Travay apot yo 10:44-48**). Pòl te batize aprè l te fin konv ti (**Travay apot yo 9:18**). Pandan tout ministè li, li te kontinye ap batize anpil anpil moun (**Travay apot yo 19:1-6, 16:31-33**). Se pou w aprann bay.

6. Jezi di

Bay pou Bondye ka ba ou tou. Yo va vide yon bon mezinan pò rad ou. Yon mezi byen foule jouk li debode. Menm mezi ou s8vi pou bay se ak menm mezi sa a Bondye ap ba wdon li yo (Lik 6:38). Le ou bay se tankou yon ti grenn ou plante. Lè yon plant8 plante li gen espwa yon bon rekòlt. Lè ou bay Bondye ou mèt espere yo gwo mwason

Nou tout renmen resevwa kado nan men zanmi nou m pa bezwen di w janBondye kontan lè ou bal yon kado. Jezi di:"Li pi bon lè yon moun bay ke lè li resevwa" (**Travay apot yo20:25**). Ou pa jan m ka bay Bondye plis, lap toujou beni ou plis.

Se ak kè kotan pou bay Bondye. Se pou chak moun bay jan yo te deside nan kè yo, san yo pa regrè anyen, san moun pa fòse yo paske Bondye renmen moun ki bay ak kè kontan **(2 Korentyen 9:27)**.

7. Pale ak lòt moun sou jezi

Jezi te di disip li yo, "vin swiv mwen, map fè nou pechè lèzòm" **(Matye 4:19)**. Kris rele tout kretyen pou yo vin anbasadè li. **(2 Korentyen 5:20)**. Gen anpil moun nan zònm kote w rete ki bezwen tande pawòl Bondye. Tankou vwazinay kamarad travay ou, manm fanmi w ak zanmi w. "Ki jan yap fèrele li,si yo poko gen konfyans nan li? Ki jan pou yo tande pale souli si pa gen pèsòn pou fè konnen mesaj la? Ki jan pou yo fè konn mesaj la si pa gen moun pou sa?" **(Women 10:14-15)**. Koulye aou se yon kretyen, Bondye pral voye w ak lòt moun sou Jezi.

Pi bon fason w ka yon temwen se pou w viv yon vi diferan. Ou gen pou w montre fwa w nan Bondye dapre zèv ou, dapre abitid ou, dapre jan wapviv. Jezi di: "konsa tou se pou limyènou klere devan tout moun, pou lè yo wè tout byen n ap fe yo, ya fè lwanj papa nou ki nan syèl la" **(Matye 5:16)** Pandan moun ap swiv ou kapabviv Bondye. Y ap wè jan Kris chanje la vi w. L ap vin pi fasil pou w patage bòn nouvèl levanjil la ak yo.

Te mwaye sanble ak pòv kap mouri grangou ki jwenn yon moso pen. Li fin jwenn koulye a l al di lòt pòv parèy li yo ki kote yo ka jwenn tou. Toujou di sa Bondye fè pou ou. Si Bondye geri ou, pataje temwawaj la ak moun bò kote w. Si Bondye delivre w anba grif satan, rakonte istwa a bay yon moun. Koumanse prye Bondye, andel pou l louvri pòt pou w ka al pataje levanjil li a bay lòt moun. Wap wè s il pap fèw jwenn okazyon pou al preche moun janw mande l la.

Nan **Travay apot yo 1:8,** bay pawòl Bondye a te koumanse nan yon ti vil vilaj men l pat ret la sèman. Li te kontinye nan tout peyi a, nan peyi vwazen yo epi jouk nan dènye bout la tè. "Ale tout kote nan lemonn epi preche Bòn nouvèl levanjil la bay tout moun kap viv" **(Mak 16:15).**

Our Goal?
Every Soul!

Daniel & Jessica King

KING
MINISTRIES
INTERNATIONAL

About the Author

Daniel King and his wife Jessica met in the middle of Africa while they were both on a mission trip. They are in high demand as speakers at churches and conferences all over the world. Their passion, energy, and enthusiasm are enjoyed by audiences everywhere they go.

They are international missionary evangelists who do massive soul-winning festivals in countries around the world. Their passion for the lost has taken them to over sixty nations preaching the gospel to crowds that often exceed 50,000 people.

Daniel was called into the ministry when he was five years old and began to preach when he was six. His parents became missionaries to Mexico when he was ten. When he was fourteen he started a children's ministry that gave him the opportunity to minister in some of America's largest churches while still a teenager.

At the age of fifteen, Daniel read a book where the author encouraged young people to set a goal to earn $1,000,000. Daniel reinterpreted the message and determined to win 1,000,000 people to Christ every year.

Daniel has authored twenty-one books including his best sellers *Healing Power*, *The Secret of Obed-Edom*, and *Fire Power*. His book *Welcome to the Kingdom* has been given away to tens of thousands of new believers.

Soul Winning Festivals

Metu, Ethiopia

Khushpur, Pakistan

Roca Blanca, Mexico

Sialkot, Pakistan

Agere Maryam, Ethiopia

Kisaran, Indonesia

Brazil

Haiti

Pakistan

Indonesia

India

Haiti

South Africa

Colombia

Peru

Nicaragua

Soul Winning Festivals

Dominican Republic

Honduras

Panama

Mexico

Guatemala

Sudan

The vision of King Ministries is to lead 1,000,000 people to Jesus every year and to train believers to become leaders.

To contact Daniel & Jessica King:

Write:
King Ministries International
PO Box 701113
Tulsa, OK 74170 USA

King Ministries Canada
PO Box 3401
Morinville, Alberta T8R 1S3 Canada

Call toll-free:
1-877-431-4276

Visit us online:
www.kingministries.com

E-Mail:
daniel@kingministries.com